BIBLIOTECA DE DERECHO PENAL Y PROCESAL PENAL

Carlos Pérez del Valle
(Director)

Justo Edward Nieves Chero
Daniel Armando Pisfil Flores
Carlos Antonio Agurto Gonzáles
Sonia Lidia Quequejana Mamani
Benigno Choque Cuenca
(Coordinadores Generales)

EDUARD KERN
Profesor de la Universidad de Tubinga
(Alemania)

GUÍA PARA EL TRATAMIENTO DE CASOS DE DERECHO PENAL

Edición al cuidado de
Carlos Antonio Agurto Gonzáles
Sonia Lidia Quequejana Mamani
Benigno Choque Cuenca

Ediciones Olejnik

Título: Guía para el Tratamiento de Casos de Derecho Penal

© Eduard Kern.
Traducción de Conrado A. Finzi.

Edición: 2019

© Copyright de la presente edición:
Ediciones Olejnik
Huérfanos 611, Santiago-Chile
E-mail: contacto@edicionesolejnik.com
Web site: http://www.edicionesolejnik.com

ISBN: 978-956-392-514-2

Diseño de carátula: Ena Zuñiga

Diagramación: Hayden Méndez, yiset_mendez@hotmail.com

Impreso en Argentina 2019 Printed in Argentina

Índice

La tarea del juez consiste en decidir sobre asuntos penales que se le llevan a su conocimiento. Su decisión es el ordenamiento de un suceso de la vida. En última instancia, se funda en su personalidad y no es exclusivamente el resultado de una mera actividad intelectual. ¿Quién es este juez? Este es un punto muy importante. El juez no debe decidir conforme a su sentimiento —lo cual resultaría contingente y produciría inseguridad jurídica y arbitrariedades—, sino a derecho y ley: su decisión debe adecuarse al derecho. La forma más importante de expresión del derecho es la ley. Esta solo contiene normas abstractas. Pero la vida presenta hechos de extraordinaria variedad que deben valorarse con arreglo al derecho, o sea, ante todo, a las leyes existentes. Por esto, para decidir cada caso jurídico, es necesaria en primer término una actividad intelectual (salvo que la decisión se agote en sí misma), a saber, es necesario extraer conclusiones. A esta actividad lógica del juez se le debe dar la debida importancia: un juez que solo trabaja con el intelecto y no también con el corazón, no es, por cierto, un buen juez: tampoco lo es un juez que no sabe pensar en forma lógica. De ahí que para el futuro juez, en general, para todo futuro jurista, también sea imprescindible una instrucción lógica.

§ 1. Ejercicio y práctica del derecho penal

El manejo del derecho penal persigue —como, por lo demás, cualquier otra ejercitación— distintas finalidades. Por un lado, pretende profundizar el *saber teórico y promover* la *comprensión respecto del alcance práctico de los principios jurídicos* y, por el otro, tiende a *instruir al estudiante en vista de su actividad práctica posterior.*

Sin embargo, *entre la actividad de un estudiante* que trata en un ejercicio un caso práctico y la *actividad de un juez,* de un fiscal o de un abogado en un asunto penal, existen *dos diferencias importantes* que deben tenerse bien presentes desde un principio.

I. Para aclarar la primera diferencia debe comenzarse desde lejos. En la administración de justicia penal debe distinguirse entre la *cuestión de la culpabilidad* (o sea, la cuestión de si el autor es punible), la *de la pena* (o sea, la cuestión de cuáles son las consecuencias del hecho que deben imponerse y sobre todo en qué medida debe determinarse la pena) y las *cuestiones procesales* (por ejemplo, la de si se le debe tomar juramento a un testigo), debiéndose contestar en cada cuestión sobre culpabilidad, pena o procesal, tanto *cuestiones de derecho* como *cuestiones de hecho.* Pues bien, dado que el juez no tiene que decidir conforme a su sentimiento, sino a derecho y ley, para decidir un caso jurídico es necesario un *juicio lógico, y* también, en la mayoría de los casos, un encadenamiento de conclusiones. Como se sabe, un juicio lógico está integrado por:

a) la proposición mayor ("*propositio maior*"),

b) la proposición menor ("*propositio minor*"), y

c) la conclusión ("*conclusio*").

En la decisión de un caso jurídico:

a) la proposición mayor consiste en el principio jurídico (abstracto) (que se extrae, por lo general, de la ley).

b) la proposición menor en la situación de hecho del caso particular, y

c) la conclusión en la propia decisión, en el resultado.

Ejemplo (relativo a un caso de hurto):

a) La proposición mayor reza: "La ley (§ 242 del c. p.) entiende por hurto la sustracción de una cosa mueble ajena de la custodia ajena, con la intención de apoderamiento antijurídico". En consecuencia, la proposición mayor es un principio jurídico, contesta una cuestión de derecho.

b) La proposición menor reza: "En Tubinga, el 30 de noviembre de 1956, a la hora 19, el aprendiz de carpintería *Cola* ha sustraído del depósito de bicicletas de la Universidad una bicicleta para hombre usada, marca "Wanderer", valuada en 80 marcos, de propiedad del estudiante de derecho *Cabeza,* para quedarse con ella en forma permanente". En consecuencia, la proposición menor es un hecho, contesta una cuestión de hecho.

c) La conclusión es esta: por lo tanto, *Cola* se ha vuelto punible por hurto en el sentido del § 242 del c. p.

La proposición mayor y la menor se obtienen por dos vías completamente distintas:

a) La proposición mayor, o sea, el principio jurídico (abstracto), se obtiene de la ley, en caso necesario, mediante interpretación y con ayuda de la ciencia jurídica, de tratados u obras explicativas.

b) La proposición menor, o sea, los hechos, se obtiene por vía probatoria, a saber, tomándole declaración al inculpado, por testigos y peritos y utilizando medios concretos de prueba, principalmente por inspecciones oculares (sobre todo huellas). Por ejemplo: el portero *Lux* ha visto a *Cola,* o una huella de rueda y pisada han llevado a la casa de *Cola,* las marcas de los zapatos en la nieve corresponden a las suelas de los zapatos de *Cola.*

En la *práctica,* la *determinación de la proposición menor,* esto es, el esclarecimiento de los hechos, desempeña el *papel principal.* Determinar quién ha cometido un hurto o un incendio, qué ha hecho o dicho el autor (hechos externos), qué se ha imaginado y querido (hechos internos), constituye a menudo una tarea extraordinariamente difícil y exige mucho esfuerzo, trabajo y sagacidad. No es un acto de voluntad, sino un reconocimiento (por qué razón este reconocimiento deba ser "descolorido"

—como se oye decir con frecuencia— es incomprensible). La *proposición mayor* ofrece al jurista diestro menos dificultades, sobre todo si se trata de conceptos que se presentan a menudo o son sencillos, como los de hurto, estafa, lesión corporal, incendio o asesinato.

En el *ejercicio* ocurre lo *contrario*. Aquí, en el planteamiento, la *proposición menor* (la situación de hecho del caso particular, la situación de lo que ha sucedido) se presenta *concluida;* solo se debe leer el planteamiento correctamente, sin pasar nada por alto y sin hacer suposiciones. Por lo tanto, al estudiante solo le corresponde en esencia la tarea de determinar correctamente la *proposición mayor* (por ejemplo, el concepto de falsificación de documentos o de la intención de apoderamiento) y de extraer la conclusión exacta.

Por consiguiente, mientras que en la práctica el punto esencial reside, por lo general, en la cuestión de hecho, en el ejercicio ese punto se encuentra, por el contrario, en la cuestión de derecho.

II. Otra diferencia es la siguiente:

a) La *práctica* no puede conformarse con determinar si el inculpado ha cometido un hurto, sino que, una vez *afirmada* la *cuestión de la culpabilidad* (si, pues, ha determinado, por ejemplo, que *Cola* ha cometido el hurto que se le imputa), también debe expedirse sobre la otra cuestión relativa a las consecuencias del hecho, o sea, tratar, amén de la cuestión de la culpabilidad, la de la *pena.*

La *cuestión de la pena* concierne al grado en que debe determinarse la pena y a las medidas preventivas (de seguridad o corrección) que deben imponerse.

También dentro de la cuestión de la pena debe distinguirse entre cuestión de derecho y cuestión de hecho.

Las *cuestiones de derecho* rezan: ¿Cuál es el *marco* penal legal (por ejemplo, en el hurto simple)? ¿Cuáles penas relativas al honor deben o pueden imponerse? ¿Cuáles circunstancias hablan en general (o sea, prescindiendo completamente del caso particular de que se trata) en favor o en contra de un castigo severo o benigno? ¿Cuáles medidas preventivas se prescriben o admiten? —La *cuestión de hecho* se refiere a las circunstancias que *en el caso particular de que se trata* hablan en favor o en contra de un castigo benigno o severo, de la imposición o no de una medida preventiva admitida por la ley.

La cuestión de la pena es tan importante como la de la culpabilidad, ya que los marcos penales son muy amplios.

La contestación exacta de la cuestión de la pena exige determinaciones minuciosas sobre los pormenores del hecho y también sobre la personalidad del acusado (sus hábitos, educación, desarrollo, antecedentes y sobre todo sus condenas anteriores, ambiente familiar y de trabajo, situación patrimonial, etc.).

b) En el *ejercicio de derecho penal,* al tratamiento de la *cuestión relativa a la pena* le queda comúnmente *poco espacio,* porque las circunstancias de las cuales depende su graduación, no pueden extraerse del planteamiento que es, por lo general, muy sucinto, comprimido como está, a menudo, en unos pocos renglones. De ahí que en el ejercicio los trabajos de derecho penal deban limitarse, en la mayoría de los casos, a la contestación de la cuestión relativa a la culpabilidad; por ejemplo, deben conformarse con un resultado como este: "Se castigará al acusado, por instigación al hurto, con arreglo a los §§ 242 y 48 del c. p. El marco penal comporta prisión de un día a 5 años". Pero también pueden y deben mencionar las causas que, al graduarse la pena en forma atenuada o agravada, tienen importancia, si se las puede reconocer en el planteamiento. En cambio, no pueden fijar una pena determinada precisamente; por ejemplo: "Se castigará a *A* con prisión de 6 meses".

A propósito de lo expresado en los n^{os} I y II, diremos, resumiendo, que la *tarea del estudiante* en el ejercicio es *más circunscrita* que la *tarea* que le incumbe a la *práctica,* y, precisamente, en dos direcciones: fundamentalmente, se limita a la *cuestión de la culpabilidad* y a *cuestiones de derecho* (contrariamente a lo que ocurre con la cuestión de la pena y las cuestiones de hecho, respectivamente).

§ 2. Criterios comunes para los trabajos en la casa y de control

En el ejercicio, los casos jurídicos solo se tratan verbalmente o por escrito. Los trabajos por escrito son en parte trabajos que se hacen en la casa y en parte trabajos de control.

En el *tratamiento por escrito* de todos los casos jurídicos, sean estos para la casa o de control, tienen importancia —y no solo, por lo demás, en el ejercicio de derecho penal, sino también en todos los otros— los puntos siguientes:

A. *Formalidades*

I. El trabajo debe causar exteriormente una buena impresión; por ejemplo, no debe estar escrito en papel arrugado o en papel secante; tampoco lo recomiendan manchas de tinta, tachaduras, raspaduras y dobleces en las puntas.

II. 1. La *escritura* debe ser perfectamente legible. Así lo exige el respeto al lector. Una mala escritura no es necesariamente una prueba de genialidad. Siempre es do recomendar la escritura a máquina.

2. Como todo escrito, también un ejercicio debe ser *leído* antes de entregarlo. Al leerlo, se encontrará comúnmente una buena cantidad de errores y descuidos que se corregirán; si subsistieran, serían atribuibles a la negligencia del autor.

III. El trabajo debe contener determinados *datos,* a saber, el nombre de pila y el apellido (este último en caracteres de imprenta) y el domicilio del autor, como así también el semestre que cursa.

Además, el ejercicio debe ser especificado; así, por ejemplo: "Ejercicio de derecho penal para avanzados" o "para adelantados" (y no —como se pudo leer en algunos trabajos— otras expresiones equivocadas ["für Fortgerückte"]; tampoco se pondrá "Trabajo penal para el profesor Kern"; la expresión

"Trabajo casero" es algo distinto y, por otra parte, por lo general, producción de mercancías en serie). El dato relativo al trabajo de que se trata ("3er. trabajo en la casa, 2° del autor") es necesario para el registro; sobre su base se expiden los certificados al final del semestre.

Es recomendable firmar el trabajo por propia mano.

IV. Una *parte de la página* (en buenas épocas la mitad, y menos, naturalmente, cuando hay escasez de papel) se dejará en blanco, destinándosela a las observaciones del lector y a las que haga el propio autor durante la discusión.

Las páginas se numerarán.

V. Al principio se pondrá el *planteamiento*. De esta manera, se lo obliga al autor a volverlo a leer palabra por palabra; entonces el autor tendrá juntos planteamiento y solución. Los planteamientos elaborados por sí solos con soluciones exactas (o rectificadas) representan una base excelente para la repetición de un material, ya que se retienen fácilmente en la memoria.

B. *LENGUAJE*

El trabajo debe ser, incluso *desde el punto de vista del lenguaje, irreprochable*.

I. El autor debe dominar la *ortografía* y la *gramática alemanas*. En caso necesario, el diccionario de Duden sobre la ortografía de la lengua alemana y el trabajo de Wustmann (*Sprachdummheiten)*, prestan buenos servicios y es recomendable que todo estudiante los compre. Los errores de escrituras, como "entgültig"[1], "Endgelt"[2], "kongret"[3], resultan desagradables; también lo es escribir "Impotens", pues, si ella existe, se la escribe con zeta. Los errores que son frecuentes sobre todo en el sur de Alemania, como "während dem Mittagessen"[4], "wegen Betrug"[5] o la expresión "meines Erachtens nach"[6], ya no deberían estropear

1 En vez de "endgültig" (terminante). (N. d. T.).

2 En vez de "Entgelt" (indemnización). (N. d. T.).

3 En vez de "konkret". (N. d. T.).

4 En vez de "während des Mittagessens" (durante el almuerzo). (N. d. T.).

5 En vez de "wegen Betrugs" (por estafa). (N. d. T.).

6 En vez de "meines Erachtens" (a mi juicio). (N. d. T.).

una composición. Tampoco puede admitirse que se escriba "Rechtssprechung"[7].

También la puntuación debe ser correcta. A menudo se pone erróneamente una coma en vez de un punto y coma. Después de dos puntos se empezará con minúscula.

II. Deben evitarse *palabras extranjeras* innecesarias (por ejemplo, "Disposition", "«Problem»-stellung". "Kriterium", "Diskussion", "Prinzip", "Delinquent", "qualifiziertes Delikt", "Idealkonkurrenz", en vez de "Gliederung", "Fragestellung", "unterscheidendes Merkmal", "Erörterung", "Grundsatz", "Täter", "erschwerte Tat", "Tateinheit", que son mucho mejores). Además, las palabras extranjeras resultan peligrosas. A menudo se las escribe con errores; por ejemplo: "el acusado, al penetrar en la casa con intención furtiva, entró en el «Versuchs *stadiom*»" (en la fase de la tentativa); "con arreglo a la teoría de la *«Konkretation»,* el hurto se consuma con el contacto con la cosa" (tocar se dice en latín "contrectare"; por consiguiente, se dirá teoría de la "Kontrektation"); "el acusado ha cometido una «condictio sine qua non»" (siendo la expresión correcta: ha "puesto" una "condicio" sine qua non, o, mejor, una "condición que no puede suprimirse").

Las palabras extranjeras también son peligrosas porque se las usa con frecuencia en un sentido equivocado. Por ejemplo: "en favor del acusado, tiene importancia el hecho de que ha vivido en condiciones muy «pekuniäre»" (en tanto que el autor pensaba, tal vez, en condiciones muy "prekäre"). A veces, causa dificultades la propia lengua *alemana.* En un caso en que una mujer, un día después del parto, había matado a su hijo ilegítimo, el autor se expresó así: "Debe negarse el asesinato; falta la reflexión (en ese entonces, este requisito era necesario), dado que seguramente la matriz estaba aún muy excitada".

III. El autor debe escribir en un *buen estilo alemán* y no en un alemán jurídico pedantesco. Si es posible, deben evitarse las palabras que terminan en "ung" y la forma pasiva. Se elegirá el tiempo correcto y no se deslizará de un tiempo a otro, verbigracia, del imperfecto al presente (he aquí un ejemplo horroroso: "*A* se ha vuelto culpable de una estafa, puesto que aparentaba...;

7 En vez de "Rechtsprechung" (jurisprudencia). (N. d. T.).

además, induce en error"...), o del modo indicativo al subjuntivo o del estilo directo al indirecto.

1. El lenguaje debe ser particularmente claro y fluido. Se tropieza a menudo con una *exposición dura y ampulosa.* Por ejemplo: "El acusado ha actuado teniendo la culpabilidad" (no se sabe si tenía la culpabilidad, queriéndose decir que "ha actuado culpablemente").

"El acusado comete un dolus eventualis" (en vez de: "actúa con dolus eventualis").

"El acusado tampoco tenía el dolus eventualis" (en vez de: "tampoco ha actuado con dolo condicionado").

"El acusado no conocía la conciencia de la antijuridicidad" (en vez de: "no tenía la conciencia de la antijuridicidad" o "no conocía la antijuridicidad").

"El acusado ha infringido dos delitos" (en vez de: "ha infringido dos disposiciones penales").

"El acusado se ha vuelto punible de varios delitos" (en vez de "culpable").

"La circunstancia de que lo haya omitido, lo vuelve punible a título de culpa" (en vez de: "porque lo ha omitido culposamente, es punible").

"El acusado ha lesionado el tipo del incendio" (en vez de "realizado").

"El acusado ha cometido desistimiento" (en vez de: "ha desistido").

"El § 138 no tiene lugar" (siendo la expresión correcta: "no se aplica").

"Debe rechazarse la cuestión de si existe hurto" (debiéndose decir: "debe rechazarse el hurto" o "debe contestarse negativamente la cuestión de si existe hurto").

"En caso de desistimiento, la ley impone la impunidad". (El juez "impone"; ¡la ley ordena! La expresión correcta es esta: "La consecuencia legal del desistimiento es la impunidad").

También son objetables estas frases: "el caso se descompone en dos partes", "tal no es el caso en nuestro caso".

2. Son preferibles las *proposiciones principales cortas y simples.* Los períodos encadenados son horribles, pero, afortunadamente, son cada vez más raros. Reproduzco a continuación, como

ejemplo horroroso, un monstruo de período extraído de un tratado de 1849: "El jurado es una agrupación de ciudadanos que no necesitan tener conocimientos jurídicos y no son jueces profesionales, sino que se reúnen para un caso o una pluralidad de casos sujetos a decisión judicial en un tiempo y distrito determinados, de modo que se le permite al acusado una participación más o menos limitada en su elección, a fin de que, una vez concluido el juicio oral contradictorio bajo la dirección de una autoridad judicial y sin hacerse responsable de las causas que determinan su pronunciamiento, en general, en otra forma externa, decida la cuestión de si el compareciente ante el tribunal es culpable o no del delito que se le imputa".

Desgraciadamente, tampoco son raros los errores en la construcción de la frase, como, por ejemplo, este: "el que incita debe haber actuado dolosamente para que se lo pueda castigar". Debe decir: "el que incita debo haber actuado dolosamente: de lo contrario, no se lo puede castigar".

3. La *exposición* debe ser *concisa y sobria.* La amplitud es una característica de los épicos. El jurista es breve. La verbosidad no es una prueba de diligencia, sino, a menudo, de incapacidad para reconocer lo importante. Por otra parte, es impropio el estilo telegráfico: solo resultará, excepcionalmente, disculpable en estado de necesidad (carencia de tiempo en un trabajo de control).

Las *frases hechas* producen efecto, a lo sumo, sobre los que carecen de instrucción. Los *superlativos,* en vez de fortalecer la impresión, la disminuyen. A las frases hechas también pertenecen los *agregados* que, por ser *naturales,* son *superfluos* ("pleonasmos"), entre los cuales "el transeúnte que pasa" y "el individuo particular" ya son viejos conocidos. Entre los pleonasmos utilizados en los muchos trabajos de derecho penal de más de tres decenios —y también, desgraciadamente, de los últimos años— vale la pena recordar los siguientes: "puede existir la posibilidad", "la cuestión problemática", "la fuente originaria", "el criterio de diferenciación", "la base concreta-objetiva", "por causas éticas y morales", "el núcleo central", "la comprensión inteligente", "los principios básicos rectores" (como si la expresión "principios básicos" no fuera suficientemente mala por sí sola), "la culpabilidad subjetiva", "las fuerzas dinámicas", "la contrarreacción", "las bases fundamentales", "la definición de la determinación conceptual", "la diferencia cualitativa esencial", "la enumeración por números", "las propuestas de reforma respecto de la reestructuración", y los igualmente lindos pleonasmos "proyecto de lege ferenda" y la rara joya del "Verbrechensdelikt".

También deben evitarse los *galimatías* y las *metáforas*. Por ejemplo: "Aquí, el orden jurídico se ha dado un vuelco de 190 (!) grados"; "la mucama (que debía llevar el revólver de un rentista al armero y decirle que estaba cargado) solo era la prolongación de la boca de aquél"; "en el Tercer Reich se trataba a la ligera a los hijos ilegítimos". "Este camino ha naufragado" y "esta medida del legislador era una criatura muerta al nacer que resultó estéril" son ejemplos de metáforas en cadena que no deben emplearse.

La siguiente frase, contenida en un trabajo de examen de un aspirante a la carrera de funcionario, no resulta del todo convincente: "Al revisar a la mujer embarazada, el médico comprobó que el niño no podía nacer vivo si no se lo mataba". En cambio, esta frase, que figuraba en un ejercicio, es incontestablemente correcta: "un aborto solo es posible en una mujer".

4. Tampoco hay que querer ser demasiado docto. Un planteamiento, en que un joven campesino le dice a otro que es un "perro estúpido", indujo al autor a hacer esta profunda observación: "esta declaración es una figura mixta objetiva-subjetiva extraordinariamente compleja".

5. *El autor debe expresarse claramente* y no como la bienaventurada pitonisa en el oráculo de Delfos. De su exposición debe resultar con claridad si escribe sobre el derecho en vigor o futuro, si reproduce su propia opinión o una opinión ajena, si está de acuerdo o no con una idea ajena mencionada por él y si habla de la interpretación de la ley (in abstracto) o de la aplicación de la ley al caso particular (concreto).

Comúnmente, también el empleo de la palabra "beziehungsweise" (o; respectivamente) ocasiona falta de claridad y se la debe evitar por ser vaga y equívoca.

6. Quien quiera informarse minuciosamente sobre todos estos puntos, debe leer el trabajo de Ludwig Reiners, *Deutsche Stilkunst,* que es un extenso tratado de prosa alemana, escrito en forma atrayente, matizado con muchos ejemplos sugestivos.

C. *Contenido*

En lo que respecta al *contenido material del trabajo,* las exigencias son las siguientes:

I. Ante todo, el autor debe *distinguir exactamente lo importante,* o sea, encontrar el punto esencial del trabajo. El punto esencial no reside nunca en la cuestión de si resultan aplicables, junto con un tipo dominante, otros menos importantes; tampoco consiste en determinar la relación en que se encuentran entre sí las distintas leyes penales. El autor tiene que abordar todos los puntos de vista *esenciales;* con espantar *todas* las moscas, no se llega a la meta. Si al final del planteamiento se formulan preguntas determinadas, naturalmente deberá contestarse a todas en forma clara y concisa. Pero puede resultar que esto no baste, sino que, también, deban contestarse otras preguntas no formuladas de manera expresa, de cuya respuesta dependa la solución, ya que el autor tiene que demostrar por qué vía ha llegado al resultado final. Las preguntas no deben contestarse siempre en el orden en que están formuladas, dado que el orden de las respuestas a menudo resulta de la lógica.

II. La solución no debe ser *ni demasiado breve, ni demasiado extensa.*

1. Soluciones *demasiado breves.*

a) La solución no debe limitarse a afirmar opiniones, sino que también debe *fundamentarlas. A las buenas fundamentaciones se les asigna un valor decisivo.* No constituye una fundamentación el hecho de invocar alguna autoridad —"según Frank"— o el Tribunal del Reich —"según el Tribunal del Reich"—. El autor tampoco se contentará con decir que se adhiere a la opinión dominante, sino que tiene que consignar las razones por las cuales lo hace y, sobre todo, cuáles son los argumentos de la opinión dominante que le parecen contundentes y por qué no son correctas las objeciones de otras opiniones.

Cada principio debe fundamentarse. La fundamentación puede ser muy breve, pero nunca ha de faltar. Palabras como "indudablemente" no son una fundamentación, ni siquiera una sustitución de ella. Un viejo profesor dijo en una ocasión: "Señores, si de vuestra pluma quiere fluir la palabra «indudablemente», detenedla, porque seguramente es incorrecta". Quizás no sea tan mala, pero lo cierto es que frente a esa palabra hay que tener sumo cuidado. Lo dije una vez al discutir un trabajo y dos semanas después encontré, en el trabajo siguiente, la expresión "sin ninguna duda", que también critiqué, tropezando, sin embargo, a las dos semanas, con un "evidentemente" y "claramente". Por lo visto, mi advertencia había caído en el vacío.

Si se presenta una *cuestión controvertida,* no basta decir: "La cuestión es objeto de controversia entre Binding y el Tribunal del Reich; me adhiero al Tribunal del Reich". Si la. solución de un planteamiento depende de la decisión de una cuestión controvertida, esta debe ser *expuesta brevemente.* Se dirá dónde reside la divergencia, quién sostiene una y otra opinión y cuáles son las razones que se hacen valer en favor de una y otra; luego el autor se adherirá a una de esas opiniones, y, si es posible, con nuevos argumentos propios. De esta manera obtendrá una proposición mayor (ver lo que ya se ha dicho al respecto) y solucionará el planteamiento sobre la base de esta opinión. Si la cuestión es dudosa, es recomendable considerar muy brevemente cómo se solucionaría el caso desde el punto de vista de la otra opinión, rechazada por el autor.

b) *No es raro que en un planteamiento* —sobre todo si está comprimido en pocos renglones— *falten importantes datos de hecho.* Esto puede ser intencional. Por ejemplo, un planteamiento puede decir así: "en un camino del bosque, el acusado ha perseguido y tirado al suelo a una muchacha de 15 años, pero, dado que esta se ha puesto a gritar y dos obreros forestales han acudido al lugar, ha huido inmediatamente". Aquí no se dice qué es lo que el acusado ha querido. Puede existir, según las circunstancias, robo tentado o impudicicia tentada, etc. En estos casos, el autor debe señalar que el planteamiento es incompleto y considerar *todas* las posibilidades.

c) Es importante *no quedar en consideraciones,* debiéndose *decidir,* o sea, llegar a un *resultado* claro y terminante. También exteriormente deben insultar tanto los resultados parciales como el resultado total. Este último dirá al final así: "Por consiguiente, se lo absolverá a *A*" o "*A* es culpable de perjurio en unidad de hecho con favorecimiento (§§ 154, 257 y 73 del c. p.)". No es posible que, al llegar al final, el maestro tenga que volver a leer la mitad del trabajo para averiguar a qué resultado se ha plegado el autor.

Inseguridades como estas no son admisibles: "Por consiguiente, hay hurto o apropiación indebida" o "Ya que la estafa es, sobre todo, *en el fondo,* una acción accesoria, *eventualmente* solo se lo debería castigar al inculpado por hurto". Tampoco es convincente un giro como este: "Dado el caso, tal vez se lo debería castigar al acusado con arreglo al § 242 o al § 246, pero también es admisible una opinión distinta".

2. El trabajo no debe contener *palabras de más:* "superfina nocent"; *lo superfluo no solo no es útil, sino también perjudicial.* Demuestra, sobre todo, que el autor no distingue lo importante. Además, el papel y el tiempo son caros; lo es, de todos modos, el tiempo del maestro.

a) Ante todo, resultan *superfluas introducciones que no dicen nada.* En general, la solución de un planteamiento práctico, como un ejercicio escolar, no necesita introducciones; puede entrar al problema con *una sola* frase. Un trabajo relativo a un homicidio comenzaba con estas palabras: "Todo delito es, ante todo, una acción. La acción es un comportamiento corporal guiado por la voluntad que consiste en un aspecto externo y en uno interno. El aspecto externo de una acción consiste en un movimiento muscular (que en sentido estricto se llama acción positiva). Pero, para constituir una acción, este aspecto externo no basta, debiéndosele agregar su aspecto interno. Este consiste en la voluntad de mover o no el cuerpo. En este sentido, la voluntad es el dominio del hombre sobre su cuerpo". Con todo esto no se logra nada.

b) También son incorrectos, por superfluos, *largos comentarios teóricos sobre cuestiones que no interesan para la solución,* por ejemplo, sobre la diferencia entre injuria simple, difamación y calumnia, si es que evidentemente solo se trata de injuria simple. Aquí basta decir: "Dado que no existe una afirmación de hechos" (o "Dado que la declaración solo se ha realizado en presencia del injuriado"), "únicamente puede tratarse de una injuria en el sentido del § 185 del c. p.".

c) Además, es incorrecto ventilar *cuestiones que el planteamiento no justifica,* por ejemplo, examinar qué ocurriría si el acusado hubiese sido un demente o un ebrio o un joven, etc.

d) Solo muy raras veces puede justificarse repetir en la solución el texto del planteamiento y *reproducir extensamente, palabra por palabra, la disposición legal*; en cambio, puede ser correcto reproducir textualmente *algunas* frases del planteamiento o *algunos* giros de la ley.

D. *Distribución*

No solo debe recomendarse encarecidamente, sino que también es imprescindible para un buen trabajo darles a las cuestiones consideradas en el caso una ordenada *distribución.* Esta evita una "composición semejante a una ensalada", obliga a realizar una estructura lógicamente inobjetable, genera *nuevas* ideas (una buena distribución tiene un valor inventivo) y plenitud. Además, el maestro puede advertir en seguida si el trabajo ha sido estructurado correctamente y si contiene todo lo esencial y, en general, quién es el autor. Naturalmente, la distribución no le cae al autor del cielo, sino que es el resultado de un trabajo intelectual largo y, a veces, duro. La distribución solo contiene planteamientos de problemas y no soluciones. Esta distribución se realizará rígidamente incluso en la elaboración y, precisamente, con las mismas letras y números y también se le dará relieve mediante incisos y subrayados. Esto facilita la lectura de modo extraordinario.

Una enumeración de 10 o 15 puntos uno tras otro no es una distribución.

Para la *estructura de un trabajo de derecho penal* se dan algunas *reglas generales* que resultan, en la mayor parte, de consideraciones lógicas generales y están condicionadas, en parte, por el derecho vigente.

Como ya se ha dicho, debe distinguirse *entre la cuestión de la culpabilidad y la de la pena.*

I. Se tratará, en primer término, la *cuestión de la culpabilidad.* Esta no es la cuestión relativa a la culpabilidad en sentido estricto, o sea, la cuestión de si el autor ha actuado dolosa o culposamente, *sino* la *cuestión de si* este se ha vuelto *punible en general.*

1. Al respecto, hay que considerar por separado, *en primer término, cada acción de cada autor.*

A. Debe examinarse, ante todo, si el autor ha realizado un tipo legal determinado en sentido estricto. Tipo en sentido amplio es la suma de todos los *presupuestos* de la punibilidad incluyendo la antijuridicidad, la culpabilidad, las condiciones objetivas de punibilidad; tipo en sentido estricto es la *especial figura delictiva* (por ejemplo: "el que sustrae una cosa mueble ajena"; "el que daña el patrimonio de un tercero mediante la apariencia de hechos falsos"). El tipo en sentido estricto consta de un *sujeto* (por ejemplo: "el que" o "un alemán" o "un funcionario") y, por lo general, de un *objeto de ataque* ("un hombre", "una cosa mueble ajena", "el patrimonio de un tercero"), de una *acción* ("sustrae", "mata", "daña"; en parte, basta cualquier acción que produzca un resultado determinado —por ejemplo, "mata"—; en parte, la ley exige la aplicación de *medios* especiales —por ejemplo, "amenaza la comisión de un delito" o lesión corporal "con un arma"— o una *forma* determinada *de comisión* —"mediante escalamiento" o "de noche"—). El autor debe examinar todos los elementos del tipo, salvo que sean reconocibles claramente (así, es innecesario y propio de principiante decir que una bicicleta es una cosa mueble).

Casi todos los tipos representan *delitos de resultado* (por ejemplo: "el que... mata a un hombre"). Si de ellos se trata, se investigará si el autor ha causado el resultado con su acción; en otras palabras, si existe, entre acción y resultado, *nexo causal* (de lo contrario, no se le puede imputar el resultado al autor, y en este caso no se lo castigará o solo se lo castigará a título de tentativa o desde un punto de vista menos severo, por ejemplo, por lesión corporal simple, y no por lesión corporal con resultado mortal). Es incorrecta una distribución como esta:

1. El tipo (por ejemplo, de la estafa),
2. el nexo causal, y
3. el dolo,

dado que el nexo causal pertenece al tipo en sentido estricto.

B. Si se ha realizado el tipo legal, si, por ejemplo, un hombre ha sido muerto o lesionado corporalmente o atacado en su honor, o si se ha sustraído una cosa ajena, esta conducta es por regla también *antijurídica.* Pero, excepcionalmente, una causa de justificación, como la legítima defensa o el estado de necesidad, puede excluir la antijuridicidad. Por lo general, no resulta necesario mencionar la *antijuridicidad.*

C. Después del tipo y de la antijuridicidad, se procederá al examen de si el autor ha actuado *culpablemente.* Al efecto, es necesario:

a) que fuera *capaz de ser culpable;* la capacidad de culpabilidad falta en los niños que no han cumplido 14 años y en los enfermos mentales;

b) que haya actuado, en el caso particular, *dolosa o culposamente.* El dolo y la culpa deben tratarse, precisamente, aquí, porque están referidos a los elementos delictivos, investigados anteriormente, del tipo en sentido estricto y de la antijuridicidad. Así, por ejemplo, el dolo consiste en que el autor conociera todos los hechos que pertenecen al tipo en sentido estricto (sabía, verbigracia, que había seducido a una muchacha menor de 16 años) y la antijuridicidad de su acción. En primer término, se examinará si existe el *dolo; si se lo niega,* se investigará la cuestión de la *culpa,* la cual solo es necesaria si se trata de acciones que la ley amenaza con pena incluso en comisión tan solo culposa.

c) También se considerarán, en este nexo, las causas de exclusión de la culpabilidad, o sea el estado de coacción (§ 52), el exceso de legítima defensa por aturdimiento, miedo o terror[8] (§53, párr. 3), el estado de necesidad (§ 54) y las causas de exclusión de la culpabilidad no mencionadas en la ley, esto es, la no exigibilidad de otra conducta.

d) Además del dolo, la ley también exige, a menudo, para la culpabilidad, una *intención* determinada (por ejemplo, en el hurto o en la falsificación de moneda); esta intención deberá ser considerada junto con el dolo.

Consideraciones a propósito de lo dicho en las letras A-C: el *tipo,* la *antijuridicidad* y la *culpabilidad* deben examinarse *en todos los casos.* Pero, en los distintos hechos punibles, también se investigará:

D. si existen las ulteriores *condiciones objetivas de punibilidad* presupuestas por la ley a los fines de la culpabilidad (o de una mayor punibilidad), a saber, los presupuestos que solo es preciso que existan objetivamente (externamente) (como el divorcio en el adulterio). Dado que no es necesario que la culpabilidad del

---

8 En el texto original (p. 21) aparece salteado el renglón que debería seguir al 27 y contener los términos referidos al exceso de legítima defensa por aturdimiento, miedo o terror. (N. d. T.).

autor abarque estas circunstancias, solo se las ventilará después de la culpabilidad.

Además, se examinará:

E. sí existe una *causa personal de exclusión de la pena* —la cual se da, verbigracia, en el hurto cometido entre cónyuges—, y

F. si es aplicable una *causa de supresión de la pena,* por ejemplo, desistimiento de la tentativa o prescripción.

G. Por último, también se examinará, en los distintos delitos, si existen los *presupuestos* (procesales) *de la perseguibilidad,* como, por ejemplo, la *querella penal* en las acciones solo perseguibles por querella (por ejemplo, en la violación de domicilio).

2. Si se trata de un *delito agravado* (cualificado) (por ejemplo, hurto grave), siempre debe investigarse, y *en primer término,* cuál es el *delito básico;* después se estudiará la especialidad (por ejemplo, el escalamiento), porque, de lo contrario, la causa de agravación queda en el aire. Vale lo mismo en lo que respecta a especialidades diminuentes (*delitos "privilegiados",* como, por ejemplo, el homicidio por provocación [§ 213]). Por delitos cualificados y privilegiados también deben entenderse los delitos especiales (como, por ejemplo, el robo o el hurto de alimentos) que deben realizar todos los presupuestos del delito (por ejemplo, del hurto).

3. Si con respecto a *un* mismo autor están en tela de juicio varias violaciones legales, se las considerará, *en primer término, por separado. Solo si se afirma la existencia de varias violaciones legales,* por ejemplo, infidelidad y apropiación indebida, puede investigarse la *relación* entre ellas. La observación: "Existe infidelidad; no se da apropiación indebida; ambas se encuentran en unidad de hecho" es totalmente equivocada. De ahí que tampoco se pueda comenzar una solución con esta frase: "En nuestro caso existe indudablemente concurso ideal". Con semejante tarjeta de visita, el autor no se presenta correctamente.

4. Si la ley se refiere a un *tipo de autor* determinado, por ejemplo, a un delincuente habitual, proxeneta, vagabundo, se valorará —pero solo en este momento— la total personalidad del autor; esta valoración solo se hace en esta oportunidad, por cuanto también el último hecho, recién considerado, contribuye esencialmente a juzgar la total personalidad.

5. Si se trata de un *joven* o de un *imputable disminuido,* hay que preguntarse ante todo lo que ha hecho y cómo se lo castigaría a un adulto (o a un imputable total), si la acción hubiera sido cometida por él; solo después se examinará qué influencia tiene la juventud (o la imputabilidad limitada).

Con lo que se ha dicho en los n°s 1-5, se ha considerado la cuestión de la culpabilidad, o sea, la cuestión relativa a si el autor es punible y con arreglo a qué ley.

II. Si se *niega* la *cuestión de la culpabilidad,* el *caso* está *terminado. De lo contrario,* también debe tratarse la *cuestión de la pena.* Esta concierne a las consecuencias del hecho, o sea, en primer término, a las penas (pena principal y penas accesorias) y después a las medidas preventivas (de seguridad o corrección). Al respecto, siempre debe establecerse en primer lugar si están conminadas penas determinadas en forma absoluta (por ejemplo, reclusión perpetua para el homicida) y si están prescritas obligatoriamente penas accesorias y medidas de seguridad determinadas. Si tal no es el caso, se procederá a la graduación de la pena y a la decisión sobre las medidas de seguridad con criterio libre.

Consideraciones a propósito de lo dicho en los n^os^ I y II: si *varias personas* han *participado* en un hecho, se examinará la relación que media entre ellas, o sea, si son coautores, si *uno* es autor principal[9], el otro instigador o auxiliador. Es necesario *comenzar* por el *autor principal,* porque la cuestión relativa a si el partícipe debe castigarse y cómo (con arreglo a qué ley), depende en gran medida, de acuerdo con el derecho alemán en vigor, de la de si y cómo el autor principal se ha vuelto punible. Por consiguiente, es incorrecto decir: "*A* ha instigado a *B* y, por lo tanto, es punible". Si se comienza por el instigador o el auxiliador, las observaciones pueden quedar totalmente en el vacío, verbigracia, si el hecho principal no está amenazado con pena; de lo contrario, o sea, si el hecho principal resulta punible, esas observaciones le quitan claridad a la exposición.

La distribución consignada aquí puede servir *tan solo como punto de apoyo.* Sería un error atenerse servilmente a ella en

---

9 La ley no hablo de "autor principal", sino (por ejemplo, en los §§ 46, 47, 49 y 51) de "autor". No obstante, la expresión no puede objetarse cuando se hace referencia al autor contraponiéndolo al partícipe.

todos los casos. De ninguna manera se la puede aplicar siempre. Si, por ejemplo, está en tela de juicio una *acción de tentativa,* también puede comenzarse por el aspecto interno (o sea, con la pregunta: "¿Qué ha querido el autor?"); en estos casos, es recomendable suponer que el autor ha logrado su fin, esto es, que ha consumado el hecho, examinar cómo debería juzgarse *este* hecho y después volver al planteamiento. Incluso en los *delitos de intención,* como el hurto y la estafa, puede comenzarse por la *intención* del autor, ya que esta le da al hecho su fisonomía particular, y esto es recomendable de manera especial si ya puede establecerse claramente que *no* existe la intención que la ley considera necesaria a los fines de la punibilidad. Por lo demás, será conveniente no desviarse de manera esencial del orden aquí establecido, porque, de lo contrario, pueden surgir errores de lógica en la estructura que producen resultados incorrectos y disminuyen muy considerablemente, incluso, a veces, bajo cero, el valor del trabajo.

Pero sería *completamente erróneo repasar en cada caso todo el esquema;* deben ventilarse tan solo las cuestiones que ocasionan dudas en el planteamiento de que se trata.

Los *errores de distribución* son muy frecuentes. A menudo se encuentran, incluso en la presentación externa, *descuidos.* Por ejemplo:

I. Hecho de *A.*

1. ¿Hay estafa?

A. ¿Hay daño patrimonial mediante engaño?

a) ¿acción engañosa?

b) ¿suscitación de error?

c) ¿disposición patrimonial?

2. ¿Hay falsificación de documentos?

II. Hecho de *B.*

Aquí falta (además de A, d: ¿daño patrimonial?) un punto correspondiente a la letra A, por ejemplo.

B. ¿Existen los presupuestos subjetivos?

a) dolo;

b) intención de enriquecimiento.

Son incorrectas, por ejemplo, estas distribuciones:

1. El derecho en vigor;
2. la antijuridicidad; o

1. La evolución en Francia;
2. la evolución en Inglaterra;
3. la evolución en el siglo XIX.

El error consiste en que los distintos eslabones no se encuentran en el mismo plano.

También es equivocada esta estructura:

1. ¿Tipo?
2. ¿Incendio?
3. ¿Desistimiento?
4. ¿Concurso ideal?

La estructura correcta es la siguiente:

1. El autor ¿es punible por incendio?

A. ¿Hay incendio?

a) ¿Se realiza el tipo del § 306 del c. p.?
(O solamente: "tipo").

b) ¿Hay dolo?
(O solamente: "dolo").

B. ¿Hay desistimiento de la tentativa?

2. ¿Hay también otro tipo (por ejemplo, daño de cosas en el sentido del § 305)?

En caso de que se contesten afirmativamente los puntos indicados en los nos 1 y 2:

Relación existente entre las dos violaciones legales.

E. *ERRORES ESPECIALMENTE FRECUENTES*

Incluso prescindiendo de una falsa distribución, pueden presentarse varios *errores*; corresponde hablar ahora de algunos de ellos que son especialmente frecuentes,

I. En primer término, algunos *errores de expresión*:

1. "Del tipo del planteamiento resulta que se da el tipo de la estafa".

Aquí hay dos errores. Lingüísticamente "el tipo del planteamiento" es un pleonasmo (lo correcto es decir: "del planteamiento resulta") y, por otra parte, la palabra *"tipo"* se emplea con *dos significados distintos,* una vez con el significado de "estado de cosas, situación, situación de hecho del caso particular" (palabras extranjeras innecesarias: "konkreter" Tatsachen "komplex"), y otra vez en el sentido de figura delictiva (palabras extranjeras: "abstrakter" Yerbrechens "typus"). La palabra se menciona, en el primer sentido, en el § 183 de la ley orgánica de los tribunales, donde se dice que si en la audiencia se comete una acción punible (por ejemplo, un perjurio o una injuria a un testigo o un ataque de hecho contra el juez), el tribunal debe determinar el "tipo"; en el otro sentido, la palabra se encuentra en el § 59 del c. p., donde se dice que falta el dolo si el autor no conoce la existencia de circunstancias de hecho que pertenecen al "tipo legal" (—al tipo más limitado— al tipo "especial").

El legislador puede, sin embargo, tomarse esta libertad, pero no debería hacerlo para evitar falta de claridad y confusiones.

También es incorrecto hablar del "tipo de legítima defensa". La legítima defensa no es un tipo, sino una causa de justificación. Los tipos solo son las figuras delictivas de la Parte especial,

2. Muy a menudo se encuentran *expresiones jurídicas equivocadas.* Se habla, por ejemplo, de *"tentativa consumada"* en vez de "tentativa acabada" (la tentativa se contrapone a la consumación y es "acabada" o "inacabada") o de *"culpa dolosa"* (el dolo y la culpa se contraponen; dentro de la culpa, se distingue la consciente de la inconsciente).

Además, es incorrecto *extraer expresiones del código civil*: "el acusado se ha vuelto *«responsable»* del § 230"; "el acusado debe responder por su culpa"; "debe responder por este resultado".

Tampoco cabe en el derecho penal la *"culpa grave"*; solo en algunos casos, por ejemplo en el de la falsa imputación (§ 164, párr. 5), es necesaria para el castigo la "ligereza", o sea, un grado más elevado de culpa, no bastando la culpa simple.

3. También es falsa la expresión: *"El acusado está libre de pena"*, si es que el autor quiere decir de esta manera que el acusado

no se ha vuelto punible y que, por consiguiente, se lo debe absolver. En efecto, la ley emplea la expresión "libre de pena" en un sentido completamente determinado; así, por ejemplo, el § 199 del c. p. reza: "Si una injuria se devuelve inmediatamente, el juez puede declarar *libres de pena* a ambos injuriadores o a uno de ellos". Esto significa que el autor es punible, que se ha vuelto culpable de una injuria punible y que el juez debe declararlo *culpable.* Solo al graduar la pena el juez puede tener en cuenta la circunstancia de que el propio autor ha sido provocado por una injuria (incluso, con una bofetada, § 233) y llegar así al resultado de que, en una situación como esta, no es necesario imponer una pena.

4. Constituye un error de expresión también decir que *"el acusado tenía que saber* que la muchacha (seducida) no había cumplido 16 años. Por consiguiente, hay dolo". Esta forma de expresión es, por lo menos, imprecisa. El *dolo* exige que *A supiera* que la muchacha era menor de 16 años. Habría culpa si el acusado lo hubiera debido saber (o podido advertir), pero no lo ha sabido. La expresión que se ha empleado: "*A* tenía que saber" es ambigua e incluso deja abierta la posibilidad de que solo exista culpa (que conduciría, en este caso, a la impunidad); de cualquier manera que sea, no dice con suficiente claridad que el acusado conocía la edad de la muchacha. (Por este error, el Tribunal del Reich ha revocado, con razón, numerosas sentencias).

Lo mismo vale respecto del caso siguiente. El planteamiento dice: "*A* ha incitado a *B* a prestar una declaración falsa ante el tribunal". En la solución se lee que "*A* tenía que contar con que se le tomaría juramento a *B;* en consecuencia, se lo castigará por instigación a perjurio doloso". En primer término, la forma de expresión "*A* tenía que contar con que"... es equivocada. En efecto, dado que la instigación exige el dolo, era necesario determinar que *A* sabía o, por lo menos, contaba con que se le tomaría juramento a *B* y que, en este último caso, ha aprobado la declaración falsa de *B* incluso respecto de la posibilidad de la toma del juramento. Aquella frase contiene dos errores más. Por un lado, falta la determinación de que a *B* se le ha tomado, en realidad, juramento y que ha declarado en falso bajo juramento; de lo contrario, no se lo puede castigar a *A* por instigación a perjurio con arreglo a los §§ 154 y 48, sino tan solo a título de inducción tentada al perjurio (§§ 49a y 159). Y, por otro lado, decir "perjurio doloso" es emplear un pleonasmo; conceptualmente, el perjurio ya es un juramento falso doloso; se contrapone al juramento falso culposo.

5. Por regla, no puede esperarse que en un ejercicio de derecho penal el *resultado* se presente en la forma de un *dispositivo de sentencia;* comúnmente —y este ya es un motivo suficiente— no es posible imponer una pena determinada. Sí, no obstante, el autor quiere presentar el resultado dándole la forma de un dispositivo de sentencia, este debe ser correcto. (Nótese, además, que al dispositivo de la sentencia se lo llamaba antes tenor de la sentencia; pues bien, en la palabra "Tenor", el acento cae en la primera sílaba (Tenor), en tanto que el "Tenor" canta). Un resultado final que diga: "El acusado es culpable de un delito tentado de incendio y se lo condenará por él a la pena de reclusión de cinco años. Por el delito de violación de domicilio, se elevará la pena que se extraerá del § 306", es objetable en esta redacción. Aquí, el resultado es en parte necesario como dispositivo de la sentencia y en parte no. El autor, que se ha ajustado a un dispositivo de sentencia, ha perdido aliento en el trayecto. El dispositivo de la sentencia debe decir: "Se condena al acusado por el crimen de incendio tentado y por el delito de violación de domicilio a la pena total de reclusión de cinco años y un mes". La indicación de los parágrafos no corresponde al dispositivo, sino a los considerandos. La sentencia debe ser comprensible para el pueblo y fundamentar la pena en forma evidente.

6. Otro error de expresión es también este: "*El desistimiento de la tentativa* es una *causa* personal *de exclusión de la pena*". No, es una causa de supresión de la pena. El autor ya se había vuelto punible; solo posteriormente ha suprimido con su acción la punibilidad que ya había surgido. Esta causa de supresión de la pena solo produce efecto para el propio autor. Una *causa* personal *de exclusión de la pena* no permite en general que el autor sea punible. Hay una causa semejante, por ejemplo, si una mujer disimuladamente le sustrae al marido de la cartera 50 marcos para comprarse un sombrero. El juez penal no debe inmiscuirse en asuntos familiares como este.

II. Un error fundamental se pone de manifiesto en este giro: "*Respecto de este caso* (en el cual, por ejemplo, es dudoso si existe coautoría o complicidad), *me adhiero a la teoría subjetiva"*. Una teoría es correcta o errónea. La ley se interpreta en uno o en otro sentido, no pudiéndosela interpretar en un caso de una manera y en otro de una manera distinta. La determinación de la proposición mayor (del contenido de la ley) debe realizarse con total independencia y con *anterioridad* a la determinación de la proposición menor (de los hechos del caso particular).

III. 1. Otro *error* fundamental frecuente consiste en hablar *en forma aislada* de *dolo* y de *culpa*. Estos grados de la culpabilidad no están en el vacío, sino en la relación más estrecha e inseparable frente a un tipo determinado (por ejemplo, lesión corporal y homicidio); no existe, pues, un dolo a secas, sino tan solo un dolo de asesinato o de homicidio. Ocurre lo mismo en los delitos culposos. En vez de dolo, sería mejor decir dolosidad. La dolosidad y la culpa solo son propiedades de una acción (típica y antijurídica).

2. Lo dicho con respecto a dolo y culpa *también vale para la tentativa y la participación*: no existe una tentativa de por sí, sino tan solo (por ejemplo) una tentativa de hurto o de estafa, y no existe una instigación y una complicidad a secas, sino tan solo (por ejemplo) una instigación al robo o una complicidad en la infidelidad.

IV. El giro *"Existe, indudablemente, una acción punible; solo queda por examinar cuál es"*, es dudoso —también con prescindencia del empleo de la palabra "indudablemente"—. En efecto, es necesario, a los fines de la culpabilidad, que una acción corresponda a una disposición penal de la Parte especial o de otra ley penal. La impresión meramente sensoria de que un hecho merece pena no puede fundamentar con seguridad la punibilidad; el sentimiento jurídico es, para ello, demasiado poco uniforme.

V. *Otros errores frecuentes* son los siguientes:

1. *"Dado que el dolo desaparece, hay culpa"*. Se trata de una expresión errónea, porque existe una tercera posibilidad, a saber, la de que no lo alcance al autor reproche alguno (ni el de dolosidad, ni el de culpa) y que, por lo tanto, haya actuado sin

culpabilidad. En consecuencia, debe decirse: "No hay dolo; de ahí que se deba examinar si no concurre la culpa".

2. "Se castiga al acusado por hurto simple; se admiten, no obstante, *circunstancias atenuantes*". Las circunstancias atenuantes solo se dan en hechos punibles determinados mencionados en la ley, y de ninguna manera en todos; así, por ejemplo, en el hurto grave y en el hurto con reincidencia, cuya conminación penal ordinaria consiste en reclusión (de un año como mínimo), pero no en el hurto simple, cuya pena mínima es un día de prisión.

3. A menudo *"y"* y *"o"* se emplean erróneamente. Así, por ejemplo, esta frase es equivocada: "Un joven no es punible si, de acuerdo con su desarrollo intelectual *y* moral, era incapaz de comprender la injusticia del hecho *y* de determinar su voluntad según esta comprensión". A los fines de la *punibilidad* del joven es necesario que haya tenido la madurez de comprensión *y* la fuerza de resistencia moral. Si falta uno de estos presupuestos, es impune. Por consiguiente, habrá *impunidad* si el joven era incapaz, de acuerdo con su desarrollo intelectual *o* moral, de comprender la injusticia del hecho *o* de determinar su voluntad según esta comprensión.

Para decirlo en términos completamente generales: si a los fines de la punibilidad son necesarios (positivamente) dos presupuestos, habrá (negativamente) *impunidad* si falta uno *u* otro.

Apéndice al § 2

Un caso instructivo

El caso que consigno a continuación, extraído de un ejercicio de derecho penal para principiantes, perteneciente a Frank (*Strafrechtsfälle,* 9ª edición, caso 20), resulta particularmente instructivo:

"X encarga a su mucama que lleve un revólver al armero y que le diga que está con las balas. La muchacha le entrega el revólver al armero, pero no le hace presente que el arma está cargada. El armero maneja imprudentemente el revólver y este se dispara matando a un transeúnte".

A. La solución ha *originado* una *cantidad de errores*.

I. Ante todo, es un *error consignar arbitrariamente hechos en el planteamiento,* por ejemplo: "X le ha entregado a la muchacha el revólver con el seguro puesto", "la muchacha no tenía la mayoría de edad penal", "X habría debido (podido) descargar el arma" o "el armero ha manejado el arma imprudentemente *en el negocio"*. Resultaría totalmente erróneo prescindir de la frase "y que le diga que está con las balas".

II. Sería inútil y, por consiguiente, incorrecto emitir en la *introducción* opiniones sobre el concepto de acción o discutir en la solución las teorías sobre el nexo causal o examinar la cuestión relativa a qué ocurriría si una de esas tres personas hubiese sido demente. En una solución se hicieron las siguientes consideraciones, que constituyen un ejemplo de *introducción que no dice nada:* "En este caso hay nexo causal. Se presenta la cuestión de si las distintas acciones son causales o no. Al respecto, tomamos como punto de arranque el concepto de causalidad. Esta concurre si la acción se encuentra en relación causal con el resultado. Hay que establecer una relación y esto constituye nuestra tarea".

III. En las *soluciones* se encontraron, entre otros, estos *errores:*

1. "Tenemos aquí un caso típico de nexo causal. *Cada una de esas tres personas contribuye a la muerte del transeúnte y actúa, en consecuencia, culpablemente"*. Esto es incorrecto. El hecho de que se afirme la existencia del nexo causal, no significa en absoluto que también concurra culpabilidad.

La frase siguiente contiene una *confusión de conceptos* aún más grave: "Del conjunto de la causalidad se presenta evidentemente la antijuridicidad en la acción y la culpabilidad".

2. *"La mucama ha actuado en forma antijurídica desde el punto de vista del derecho civil, pero no del derecho penal"*. Esto no sucede: la antijuridicidad se da o no. El ordenamiento jurídico es unitario, no pudiendo permitir y prohibir una acción simultáneamente. Por consiguiente, una acción está permitida o prohibida. No puede existir una especial antijuridicidad "penal".

3. *"La antijuridicidad se deduce del § 823 del código civil"*. Este parágrafo dice: "El que ilegalmente ofende la vida de otro"..., o sea, presupone que la lesión es antijurídica; el § 823 del código civil no dice que esto ocurra. El código civil regula la

antijuridicidad en otros puntos, por ejemplo, donde se habla de legítima defensa, estado de necesidad y auto-auxilio. Estas reglas son determinantes también para la consideración penal.

4. La observación? *"La conducta del armero no es antijurídica; por lo tanto, este solo es punible a título de lesión corporal culposa"*, es totalmente errónea. Si la conducta del armero no fuera antijurídica, no se lo podría castigar. Presupuesto imprescindible de todo castigo es un hacer *antijurídico.*

5. *"La mucama no actúa culposamente, porque su omisión constituyó un olvido* que desgraciadamente se comprueba demasiado a menudo en las mucamas. *El olvido no representa una acción punible"*. Precisamente en la circunstancia de que la mucama ha omitido por descuido cumplir correctamente el encargo, radica su culpabilidad. El olvido solo puede ser excusado si procede de una falta morbosa de memoria.

B. La *solución correcta* es muy simple; incluso la *estructura* no ofrece dificultades. Puede decirse, verbigracia:

Debe investigarse si las tres personas —*X*, la mucama y el armero— se han vuelto culpables de homicidio culposo.

I. Los tres han *puesto* una *condición del resultado* (la muerte del transeúnte *T*), que no puede suprimirse sin que con ello desaparezca el resultado:

Si el armero no hubiera manejado el arma con imprudencia, la muerte de *T* no se habría producido. Si la muchacha hubiera dicho que el revólver estaba cargado, el armero lo habría manejado con prudencia. Si el mismo propietario *X* hubiera descargado el revólver (o si no lo hubiera enviado a *A* por intermedio de la muchacha, sino que él mismo se lo hubiera llevado), la muerte de *T* no se habría producido.

II. *T* ha perdido la vida en forma *antijurídica.* No concurre una causa de justificación.

III. Pero esta determinación de la causalidad y de la antijuridicidad no basta, debiéndose también examinar la *culpabilidad* en cada una de esas tres personas. Dado que ninguna de ellas ha querido la muerte de *T*, el dolo desaparece; por lo tanto, solo queda la cuestión de si hay *culpa.*

1. En el caso del *armero,* debe afirmarse su existencia. No debe manejar un arma de fuego "imprudentemente", aunque

crea que está descargada. Ante todo, tiene que cerciorarse si está cargada o no. La circunstancia de que la mucama no se lo hace presente, no lo excusa. Y su misma profesión lo obligaba a prestar particular atención.

2. También la mucama *M* ha causado *culposamente* la muerte de *T:* habría podido pensar (con arreglo a su idiosincrasia mental) que podía ocurrir una desgracia e incluso una desgracia con resultado *mortal* al no hacerle presente a *A* —conforme al encargo recibido— que tenía que proceder prudentemente con el revólver. Esto la habría debido determinar a cumplir el encargo concienzudamente.

Tal vez podría objetarse, para disculparla, que no podía contar con una conducta imprudente (culposa) del armero. Esta consideración es correcta. Pero también habría podido producirse una desgracia de otra manera, al no descargarse el revólver en seguida. Si se lo hubiera hecho presente al armero, este, por cierto, de acuerdo con la experiencia general de la vida, lo habría descargado inmediatamente o, por lo menos, lo habría asegurado.

3. Puede resultar dudoso si también a *X* se le puede hacer el reproche de homicidio culposo. La culpa podría consistir en la circunstancia de haber entregado el revólver *cargado,* habiendo podido descargarlo o, por lo menos, asegurarlo. En el planteamiento nada se dice al respecto. El asunto debe considerarse desde dos puntos de vista. Si él mismo podía descargarlo o asegurarlo, la culpa consiste en la circunstancia de no haberlo hecho. En cambio, si no lo podía descargar o asegurar, la culpa puede consistir en no haber llevado personalmente el revólver a *A,* encargando de ello, en cambio, a la mucama. Si esta era sensata, prudente y de confianza, si, por lo tanto, *X* podía contar con que la muchacha llevaría el arma con prudencia y cumpliría el encargo concienzudamente, no se le puede imputar culpabilidad.

Consideraciones a propósito de lo dicho en los n°s 1-3: si debe afirmarse la existencia de la culpa en *X* o en *M,* su participación causal no resulta excluida por la circunstancia de que también *A* haya actuado culposamente.

Por consiguiente, en el resultado se dirá que *A* y la mucama son culpables de homicidio culposo con arreglo al § 230 del c. p., en tanto que la cuestión de la culpabilidad de *X* solo deberá afirmarse si él mismo podía descargar el revólver o si la mucama no merecía confianza y *X* tenía que contar con ello.

§ 3. Peculiaridades

Todo lo dicho hasta ahora vale tanto para los trabajos en la casa como para los trabajos de control.

A. *Sobre los trabajos en la casa corresponde decir también lo siguiente:*

I. Para la *entrega* de los trabajos se establece un *término* (fecha) o un plazo (lapso), y, por lo general, también un *lugar* (portería, seminario jurídico, aula, sitio destinado a los ejercicios). *Es necesario cumplir lo dispuesto sobre el tiempo y el lugar.* El estudiante tiene que acostumbrarse a ser puntual. Para estar en condiciones de terminar un trabajo oportunamente, debe comenzarlo oportunamente; conforme a una norma general, al distribuir su tiempo también debe tener en cuenta, por razones de seguridad, la posibilidad de contratiempos transitorios imprevistos.

No se deben entregar las soluciones al profesor en el camino y tampoco remitírselas a su casa por correo. Quien corrige los trabajos quiere tenerlos todos a la vez, para saber qué cantidad de trabajo lo espera y qué tiempo le ha de dedicar. Es natural que en casos especiales, como una enfermedad, puedan presentarse excepciones; pero debe justificarse la tardanza (por ejemplo, si ha de elegirse posteriormente el correo).

II. En los trabajos en la casa también se utilizará el *material* bibliográfico *que se encuentra al alcance (tratados, obras explicativas* y también, y sobre todo, las *decisiones* de los tribunales superiores). Dado que el estudiante no puede procurarse todos los libros, concurrirá al *seminario jurídico* donde se encuentran (o deberían encontrarse) los libros más consultados en varios ejemplares. Con anterioridad a 1914, a veces se prohibía la frecuente concurrencia al seminario, por considerársela una forma de perder el tiempo, pero en la actualidad se ha abandonado este criterio.

Cuando el estudiante advierte que en el planteamiento concurren, por ejemplo, incendio, tentativa, desistimiento e instigación, estudiará estos *puntos* en primer término basándose en su cuaderno de apuntes correctamente llevado (siempre que lo tenga) y después en una obra sistemática (esquemas o tratados); luego, se dedicará al caso. En cuanto a los *distintos parágrafos aplicables,* los leerá en el texto legal (una simple ojeada a la ley elimina algunas dudas; también es recomendable leer siempre *íntegramente* el párrafo correspondiente), y, de ser necesario, en una *obra explicativa.*

Se *mencionará exactamente,* al comienzo o al final del trabajo, la *bibliografía* utilizada. El nombre se escribirá correctamente. Una ortografía errónea ("Ohlshausen", "Metzger", "List", "Ebermeier", "Helmut Maier"; en vez de Olshausen, Mezger, v. Liszt, Ebermayer, Hellmuth Mayer) causa mala impresión. También se consignará el nombre de pila (esto vale sobre todo para las tesis doctorales), salvo que se trate de autores conocidos y no exista posibilidad de confusiones. Además, se indicará la edición (por ejemplo, Kohlrausch, *Strafgesetzbuch* [37]). Asimismo, es recomendable indicar, si se trata de obras no completamente usuales, el año y el lugar de publicación, para que se las pueda encontrar fácilmente en los catálogos. El título de doctor y la profesión no se consignan. Es oportuno citar de manera uniforme. Si, por ejemplo, se trata de tres escritos, es una señal de descuido que en uno falte el nombre de pila del autor, en el segundo el año de publicación y en el tercero uno y otro. Las obras sistemáticas se mencionan por la página, las obras explicativas por el punto de la ley que es objeto de la explicación; así, v. Liszt (13), 365; Frank (15), II a, a propósito del § 59. Naturalmente, se utilizarán en lo posible las últimas ediciones.

Se *indicarán todas las fuentes* que se hayan utilizado; a la inversa, no se *mencionará nada que no se haya leído,* por ejemplo, decisiones y escritos mencionados en una obra explicativa no consultada. Esto es un mandamiento de la probidad científica.

No basta decir: "Según Frank, el Tribunal del Reich admite en este caso la involuntariedad del desistimiento", sino que el autor debe leer por su cuenta y mencionar exactamente la decisión del Tribunal del Reich; asimismo, debe consignar el punto en que Prank expresa su opinión al respecto.

Es un error mencionar tratados o comentarios acerca de asuntos que se encuentran directamente en la ley; por ejemplo: "según Mezger, el desistimiento espontáneo produce impunidad"; no: "según el § 46 del c. p.". Es totalmente equivocado referirse a la bibliografía jurídica respecto de sucesos fisiológicos: "La fecundación se vuelve posible con la secreción de los óvulos. Leipziger Kommentar, p. 711".

B. Los trabajos de control.

I. Los trabajos de control presentan las peculiaridades siguientes:

1. Amén del mero texto legal, no se dispone de *recurso alguno.*

2. Se harán dentro de un *tiempo establecido,* que es, en general, de cuatro o cinco horas.

3. Además, estos trabajos se realizan con *autonomía* (el hecho de depender solo de sí mismo) que, por otra parte, también se espera en los trabajos en la casa, aunque en ellos no tengan que excluirse incondicionalmente las discusiones.

II. *Presupuesto* de un buen trabajo de control es, en primer término, un *saber bien ordenado* (de ninguna manera el conocimiento es siempre "muerto") y, ante todo, un buen *conocimiento de la ley,* o sea, el conocimiento del contenido y de la estructura (de la sistemática) de la ley y, de esta manera, la capacidad de dar rápidamente con los parágrafos que vienen al caso[1]; después, la *capacidad de interpretar correctamente la ley* y la *comprensión correcta del planteamiento,* a saber, el conocimiento de lo que importa.

Asimismo, para un trabajo de control hay que *estar en forma* y, sobre todo, tener la *seguridad* y *tranquilidad* necesarias. El exceso

1 En un examen oral, un examinando, a la pregunta del profesor: "Señor candidato, ¿a dónde busca Ud. las disposiciones sobre el hallazgo?", contestó con gran rapidez mental: "En el índice de materias, señor profesor". Pero no todos los textos legales lo tienen: tampoco los boletines legislativos que constituyen a menudo, en los exámenes y en la práctica, el único material disponible, llevan un índice detallado.

de trabajo produce errores. Los exámenes y los correspondientes trabajos de control también representan una prueba para los nervios. El temor al examen reduce el rendimiento. Puede prevenirse el exceso de trabajo y el temor al examen comenzando el trabajo con la debida anticipación, repartiéndolo exactamente y observando correcta y consecuentemente el plan trazado (sin el cual no puede producirse ningún buen trabajo). Como preventivo, sirve incluso el ejercicio, o sea, escribir con frecuencia trabajos de control, para acostumbrarse a la forma y condiciones especiales de este trabajo, siendo recomendables al efecto cursos en privado (incluso como cursos durante las vacaciones). Desgraciadamente, ellos solo se realizan raras veces.

Además, hay que poseer la *capacidad de trabajar rápidamente* y la *energía, suficiente.*

III. Los trabajos de control exigen que se *reparta el tiempo con exactitud.* Es erróneo hacer un borrador detallado antes de la copia en limpio: por lo general, no alcanza el tiempo para ello: el resultado es prisa y mala letra. Pero también es un error comenzar en seguida por la copia en limpio, siendo su resultado desorden, borraduras, agregados, remisiones, repeticiones y contradicciones. Lo correcto es reunir las ideas que vienen a la mente del autor (¡ojalá sea así!), distinguirlas y ordenarlas y después organizar exactamente la distribución y redactar palabra por palabra los resultados más importantes; la redacción restante puede pasarse en limpio, sobre esta base, sin borrador, necesitándose para ello, tal vez, solo la tercera parte del tiempo total. El resultado será un trabajo bien meditado, bien construido y limpio incluso exteriormente.

Apéndice

Para una mejor ilustración de lo dicho, servirán, además del caso extraído de Frank ya tratado en el texto, algunos otros planteamientos de derecho penal con sus correspondientes soluciones.

1er. planteamiento

P, poseedor de canteras, explota una cantera, no de acuerdo con las reglamentaciones (en forma de terrazas), sino haciendo excavaciones y desplomes en una pared vertical. El obrero *O*, competente pero temerario, al soltar desde abajo una pesada piedra que se había desplomado, fue alcanzado por ella en forma tal que falleció cuatro semanas después, a raíz de las lesiones sufridas.

Solución

Distribución:

A. Cuestión relativa a la culpabilidad.

I. ¿Punibilidad de la explotación por ser en sí misma contraria a las reglamentaciones?

II. ¿Homicidio culposo?

1. Tipo. ¿*P* ha causado la muerte de *O*?

a) ¿acción u omisión?

b) ¿*conditio sine qua non*?

e) ¿interrupción del nexo causal?

2. Antijuridicidad.

a) ¿causas de justificación?

b) en caso de omisión, ¿deber jurídico de acción positiva?

3. Culpabilidad. ¿Culpa?

a) ¿inobservancia del cuidado necesario?

b) ¿culpa consciente o inconsciente?

c) ¿previsibilidad del resultado?

d) ¿culpabilidad concurrente de *O*?

A propósito de los n^os^ I y II: concurso.

B. *Cuestión relativa a la pena.*

I. Penas.

II. Medidas de seguridad.

(Sobre la base de esta distribución, la exposición resulta sencilla. Lo principal es la distribución correcta).

EXPOSICIÓN:

A. *Cuestión relativa a la culpabilidad.*

I. *P* se ha vuelto punible por ser la explotación en sí misma contraria a las reglamentaciones, o sea, antes de producirse la desgracia.

1. No existe una exposición a peligro en el ámbito de las construcciones en el sentido del § 330 del c. p., dado que una cantera no es una "construcción"; tampoco es una "obra" en el sentido del § 367, párr. 1, nº 14.

2. Pero existen distintos reglamentos locales que contienen disposiciones penales acerca de la prevención de peligros emergentes de la explotación de las canteras; estos reglamentos han sido infringidos.

II. El punto esencial reside en la cuestión de si *P* ha causado culposamente la muerte de *O*.

1. En general, ¿la ha *causado*?

a) La conducta de *P* puede consistir en una acción positiva (explotación en sí incorrecta u orden de explotar en forma incorrecta) o en una omisión (omisión de órdenes correctas y de la vigilancia); una y otra resultan indiferentes; también puede haber un nexo causal entre una omisión y un resultado.

b) Su conducta no puede suprimirse sin que el resultado desaparezca. No ha sido la única causa del resultado (la conducta de *O* también ha sido *conditio sine qua non*); pero esto no es necesario.

c) No concurre una interrupción del nexo causal, "una consunción de la participación causal del primer autor por un segundo autor", y, sobre todo, *O* no ha causado dolosamente su muerte.

En consecuencia, *P* ha causado la muerte de *O*.

2. *Antijuridicidad.*

a) La realización del tipo habla en favor de la antijuridicidad (es un "indicio" de ella); no concurren causas de justificación.

b) Si existe una omisión, es antijurídica, dado que *P* habría tenido el deber jurídico de actuar en forma positiva y, precisamente, evitando el resultado, conforme a las disposiciones legales sobre la explotación de las canteras y al contrato de servicios; *P* tiene un deber de cuidado y de vigilancia.

3. *Culpabilidad.* No se da ni el dolo determinado, ni el indeterminado (no puede admitirse que *P* haya consentido el resultado mortal —aunque lo haya considerado posible— en caso de producirse, sino que lo habría impedido si hubiera previsto con seguridad ese resultado); lo que solo viene al caso es la *culpa*.

a) La culpa consiste en prescindir del cuidado necesario. A este se lo encarece particularmente en las disposiciones legales relativas a la explotación de las canteras, que precisamente quieren prevenir desgracias al ser explotadas en forma imprudente.

b) La existencia de culpa consciente o inconsciente representa una cuestión de hecho, que, no obstante, no desempeña ningún papel (respecto de la culpa consciente vale el mismo marco penal que rige respecto de la inconsciente).

c) La previsibilidad del resultado.

aa) La desgracia era previsible. Aunque *P* solo ocupara a obreros competentes, podía producirse una desgracia, incluso sin que concurriera la imprudencia de uno de ellos. Esto basta, no siendo necesario que fuera previsible el suceso que produjo la muerte de *O*.

bb) Un *homicidio* culposo presupone que fuera previsible un resultado mortal —una desgracia mortal—. Se la puede prever cuando caen pesadas piedras que están pendientes. De este modo, no viene al caso la *lesión corporal* culposa.

d) La culpabilidad concurrente de *O,* que ha actuado con culpa grave, no excluye la culpabilidad de *P.* La culpabilidad concurrente del lesionado solo tiene significación a los fines de la graduación de la pena (y además —pero esto no interesa aquí— a los fines del grado de la reparación del daño).

A propósito de lo dicho en los n°s 1-3, resulta que *P* ha causado la muerte del obrero antijurídica y culposamente. Se castigará a *P* con arreglo al § 222 del c. p.

En cuanto a lo expuesto en los n^os^ I y II, diremos que entre la explotación contraria a las disposiciones y el homicidio culposo existe *unidad de hecho* (§ 73 del c. p.). Pero también puede afirmarse la existencia del concurso de leyes (subsidiariedad del delito de peligro frente al § 222 como delito de lesión).

B. *Consecuencias del hecho.*

I. La *pena* se extrae del § 222: prisión. § 27 *b*: en vez de prisión inferior a tres meses, pena pecuniaria. Suspensión de la pena por un período de prueba con arreglo al § 23 del c. p.; pero confr. el § 23, párr. 3, nº 1.

II. En cuanto a las *medidas de seguridad,* viene al caso la prohibición del ejercicio de la profesión (§ 42 *l*).

2° *PLANTEAMIENTO*

A, mujer soltera, le dijo a su hermano *H* que el hijo de ella —que tenía un año— le representaba una verdadera carga. Aquél le contestó: "El río está justamente detrás de tu casa; arroja al niño allí y así te desembarazarás de él". A siguió el consejo y a la mañana siguiente tiró al niño al agua. Inmediatamente después se encontró en el lugar con un vecino. Este no había visto nada, pero, dado que la mujer temía que podría darse cuenta de lo sucedido, sacar al niño del agua y denunciarla, puso en la orilla al niño que aún vivía. ¿Cuál es la situación respecto de la punibilidad del hermano?

Solución

Distribución:

A. Punibilidad de *A*.

I. ¿Asesinato u homicidio?

II. ¿Tentativa?

III. ¿Desistimiento de la tentativa?

1. ¿Presupuestos?

2. ¿Efecto?

B. Punibilidad de *H*.

I. ¿Hay instigación a tentativa de asesinato?

II. ¿Cuál es la consecuencia respecto de *H*, si se afirma que *A* ha desistido espontáneamente?

Exposición:

A. *A* ha ejecutado el hecho. Ante todo, hay que examinar su actividad.

I. Si el niño hubiera muerto, debería preguntarse: *A* ¿es asesina u homicida? (§ 211 del c. p. en su nueva redacción).

Del planteamiento no resulta con claridad suficiente si la mujer ha actuado por codicia, por motivos viles (comodidad) o por necesidad. No ha actuado "cruelmente". Por consiguiente, el planteamiento debería tratarse en forma alternativa. En lo sucesivo se admiten motivos viles.

II. Dado que el niño ha quedado con vida, solo hay *tentativa*. Al arrojar al niño al agua, *A* ha hecho todo lo que tenía que hacer para producir el resultado; de ahí que la tentativa sea *acabada*.

III. En razón de que ella misma ha sacado al niño del agua, se presenta la cuestión de si existe un *desistimiento liberador de pena*.

1. En caso de tentativa acabada, es necesario (§ 46, nº 2):

a) que la autora haya evitado el resultado por su propia actividad —y tal ocurre aquí— y

b) que lo haya hecho antes de que la acción se descubriera. Esto también sucede en el caso en cuestión.

c) Pero hay que preguntarse si esto basta o si también, en caso de desistimiento de tentativa acabada (en contra de lo que dice la ley), es necesaria, a los fines de la impunidad, la espontaneidad. Debe contestarse afirmativamente (adhiriendo a la sentencia 38, 403, del Tribunal del Reich), ya que también el desistimiento de la tentativa inacabada exige la espontaneidad; sería incomprensible que respecto de la tentativa menos avanzada (la tentativa "inacabada") fuera necesaria la espontaneidad y que no se exigiera este requisito respecto de la tentativa "acabada". La redacción (desatinada) de la ley no puede tener importancia decisiva. Puede discutirse si el miedo de ser descubierto, denunciado y castigado excluya la espontaneidad, pero no es necesario abordar aquí esta cuestión, porque se negará la espontaneidad, segura e indiscutiblemente, si el autor ha desistido por temor a impedimentos. Y esto ocurre en el caso de que se trata. *A* ha pensado: sin embargo, no puedo realizar mi intención de matar al niño. Por consiguiente, *no existe un desistimiento espontáneo.*

Resultado: *se castigará a A por tentativa de asesinato* (§ 211, 43 y 44 del c. p.).

En cuanto a la *graduación de la pena,* se dirá que la equiparación entre la tentativa y la consumación corresponde, precisamente, en la tentativa acabada (como aquí); por otra parte, empero, no debe dejarse de tener en cuenta que la propia *A* ha evitado el resultado (aunque no de manera espontánea).

Si se admitiera un desistimiento espontáneo, la tentativa sería, de por sí, impune y no se castigaría, en consecuencia, por asesinato tentado (en todo caso, por lesión corporal consumada; pero, para proceder de esta manera, el planteamiento no ofrece ningún punto de apoyo).

B. Con su consejo, el hermano *H* se ha vuelto culpable de *instigación* a homicidio doloso; ha provocado la resolución a cometer el hecho, en la cual este ha tenido luego origen. Ha actuado dolosamente.

I. Si el hecho se hubiera consumado, se lo castigaría por instigación a asesinato, siempre que él mismo hubiera actuado por motivos abyectos; de lo contrario, solo sería punible a título de instigación al homicidio (§ 50, párr. 1).

La circunstancia de que el hecho solo fue tentado y no consumado, también lo favorece al instigador, ya que la instigación es independiente. En consecuencia, solo se lo castigará por *instigación a asesinato tentado* (que ha quedado en la fase de la tentativa).

II. Si se admitiera que *A* ha desistido espontáneamente, esta circunstancia no lo favorecería al instigador: la causa de supresión de la pena prevista por el § 46 del c. p. solo tiene eficacia personal respecto del autor o del partícipe que ha desistido.

Se castigará a H por instigación a asesinato tentado (§§ 211, 43 y 48 del c. p.).

3er. planteamiento

P, un pastor, vio en la hora del crepúsculo que el labrador *L*, a quien conocía y que no tenía el derecho de caza, disparó desde el bosque contra un corzo que había salido al prado y se apoderó de él.

Al día siguiente, *P* informó de ello a *T*, titular del derecho de caza, quien pasó el asunto a la fiscalía. Esta formuló la acusación correspondiente. Como testigo se citó, en la vista principal, a *P*. La noche anterior a la audiencia, *L* le dice a *P*: "Si mañana vas a declarar contra mí, antes de un mes ya no estarás con vida". A raíz de esto, *P* declara bajo juramento en la audiencia que ese día ya estaba oscuro y que no tenía seguridad de haber reconocido a *L*. No obstante, *L* fue condenado. ¿Este y el pastor se han vuelto punibles?

Solución

Distribución:

A. El hecho de *L* (pero aquí tan solo el de la caza furtiva y no también el de la incitación a *P*, porque su juzgamiento depende del hecho de *P*).

B. El hecho de *P*.

I. Tipos:

1. ¿Perjurio?

2. ¿Favorecimiento?

II. ¿Estado de coacción?

C. La incitación del cazador furtivo.

I. ¿Coacción?

II. ¿Instigación a perjurio?

III. ¿Instigación a favorecimiento?

En cuanto a lo expuesto en A y C, habrá que examinar la relación existente entre los hechos punibles cometidos por *L*.

Exposición:

A. *L* ha matado un animal salvaje violando el derecho de caza ajeno, y de noche, o sea, "en casos particularmente graves". Se lo debe castigar con arreglo al § 292, párr. 2, del c. p., por caza furtiva. No resulta del planteamiento si ha actuado profesionalmente (párr. 3).

B. I. 1. Como testigo, *P* ha prestado un testimonio falso: su declaración de que ya estaba oscuro y que no tenía seguridad de haber reconocido a *L*, es falsa; era la hora del crepúsculo, pero todavía no estaba oscuro y sin duda el pastor había reconocido a *L*. *P* ha fortalecido este falso testimonio con un juramento.

En consecuencia, ha prestado un *perjurio* (§ 154 del c. p.).

2. Mediante esa misma declaración, *P*, después de la comisión del delito de *L*, le ha prestado a este asistencia a sabiendas para evitar que se lo condenara, o sea, para sustraerlo al castigo. Por consiguiente, *P* también se ha vuelto punible por *favorecimiento* personal (vale decir, frustración de la pena) (§ 257 del c. p.); la circunstancia de que, a pesar de ello, se lo haya condenado a *L*, no excluye el tipo del favorecimiento (consumado).

A propósito de lo dicho en los n°s 1 y 2, advertimos que el perjurio y el favorecimiento se encuentran en unidad de hecho.

II. *P* ha estado bajo la presión de las palabras: "Si vas a declarar contra mí, antes de un mes ya no estarás con vida". Se trata de saber si, de esta manera, concurre un *estado de coacción* en el sentido del § 52 del c. p. El estado de coacción es una especie del estado de necesidad en el sentido del § 54 del c. p. El estado de coacción exige:

1. *un peligro actual.* En la sala de audiencia, durante o inmediatamente después de la declaración, *P*[1] no estaba expuesto a peligro, pero sí, en el caso de que se hubiera dejado

1 El original dice *L*, pero se trata evidentemente de un error de imprenta. (N. d. T.).

en libertad a *L*, al abandonar la sala. Por lo tanto, podría todavía afirmarse la actualidad del peligro;

2. *un peligro no evitable de otra manera.* Pero el peligro habría sido evitable. Si *P* hubiera declarado conforme a la verdad y hubiera agregado que *L* había intentado determinarlo al perjurio, también se habría castigado a *L*[2] por inducción tentada al perjurio con arreglo al § 154, juntamente con el § 49a del c. p. y seguramente no habría sido dejado en libertad. *P* ha reconocido esto.

En consecuencia, el § 52 no es aplicable y se debe castigar a *P*.

En caso de que el peligro fuera objetivamente evitable, pero *P* lo hubiera considerado inevitable, no se lo podría castigar por perjurio doloso —porque habría creído en la existencia de un hecho (el peligro en el sentido del § 52), dándose la cual habría concurrido una causa de exclusión de la culpabilidad—, sino por falso juramento culposo (§ 163), si hubiera debido reconocer la evitabilidad del peligro.

C. I. *L* ha determinado a *P* al perjurio mediante amenaza de muerte. Existe en esto una coacción en el sentido del § 240 del c. p. La circunstancia de que la amenaza fuera condicionada, no tiene importancia.

II. *L* sabía que *P* tenía que jurar en la audiencia como testigo, pero contaba con esta posibilidad y la ha consentido en caso de producirse; por consiguiente, ha determinado *dolosamente* a *P* al perjurio. Por lo tanto, a *L* se lo debe castigar por *instigación al perjurio* con arreglo a los §§ 154 y 48 del c. p. (y no al § 49 a).

Incluso en el caso de que en favor de *P* se aplicara el § 52, se lo debería castigar a *L* —conforme al § 50, párr. 1— por *instigación* al perjurio, dado que aquél ha cometido una acción amenazada con pena y no existe una autoría mediata en el perjurio, porque este solo puede realizarse en forma personal.

III. *L* ha determinado a *P* al favorecimiento de él. Algunos enseñan que esto constituye autofavorecimiento y que, por consiguiente, es impune. Pero este criterio no corresponde a la justicia material. De ahí que se lo deba castigar a *L* incluso por *instigación al favorecimiento*. No obstante, la circunstancia de que la instigación al perjurio contenga al mismo tiempo también

2 El original dice *P*, pero se trata evidentemente de un error de imprenta. (N. d. T.).

una instigación al favorecimiento, no tiene prácticamente, en este caso, ninguna importancia a los fines de la pena de *L*. Por esta razón, puede omitirse la consideración de la instigación al favorecimiento (aplicándose en lo pertinente el § 154 de la ordenanza procesal penal).

A propósito de lo expuesto en los n^{os} I-III, diremos que la coacción y la instigación al perjurio se encuentran en unidad de hecho.

En cuanto a lo dicho en las letras A y C, afirmaremos que la caza furtiva y la instigación al perjurio son entre sí jurídicamente independientes.

Resultado: Se lo castigará a *L* por delito de caza furtiva grave y por delito jurídicamente independiente de instigación al perjurio con arreglo a los §§ 292, párr. 2, 154, 48 y 74, y a *P* por perjurio en unidad de hecho con favorecimiento, conforme a los §§ 154, 257 y 73 del c. p. A ambos se les impondrá, de acuerdo con el § 161, la pérdida de los derechos cívicos honoríficos y, además, la incapacidad permanente para prestar testimonios.

Por las razones expuestas, también *P* debe ser castigado con reclusión y, si existen circunstancias atenuantes, con prisión no inferior a seis meses. Ya que ha actuado bajo la presión de una amenaza, son admisibles circunstancias atenuantes.

4º PLANTEAMIENTO

El carpintero *C* le ha enviado al rentista *R* una cuenta relativa a reparaciones de muebles. *R* se indigna por el precio y le escribe a *C* a vuelta de correo: "He recibido su cuenta. ¡Qué descaro! A lo sumo, pagaré la tercera parte. En lo sucesivo, encargaré los trabajos únicamente a comerciantes honrados. ¡Saludóle con la consideración que se merece!".

C deduce acción privada por injuria.

SOLUCIÓN

Distribución:

A. ¿Concurre el tipo de la injuria?

I. Consideraciones generales sobre honor e injuria.

II. Examen del caso:

1. Los distintos giros de la carta.

2. Consideración de conjunto.

Si se contesta afirmativamente:

B. ¿Concurre la causa de exclusión de la pena "en salvaguardia de intereses legítimos"?

I. Consideraciones generales sobre este concepto.

II. Examen del caso:

1. Los distintos giros.

2. La carta en su conjunto.

Si se contesta afirmativamente:

C. ¿La injuria resulta de la forma de la declaración?

1. ¿De los distintos giros?

2. ¿De la impresión total?

Exposición:

A. Debe examinarse, en primer término, si la carta constituye una *injuria.*

I. Dado que no se afirman hechos y la declaración solo se realiza frente a C (no en relación a C frente a terceros) *no hay difamación.* Por consiguiente, solo viene al caso la *injuria simple* en el sentido del § 185 del c. p. Injuria es todo ataque al honor mediante manifestación de falta de respeto. El honor no es el valor interno y tampoco el sentimiento del honor, sino la exigencia de respeto a la persona.

II. 1. En este caso deben examinarse en primer término *los distintos giros* de la carta. Resulta, al respecto, lo siguiente:

a) Las palabras "¡Qué descaro!" realizan el tipo de la injuria. Equivalen a estas: C no se avergüenza de formular una exigencia tan injustificada.

b) Las palabras "A lo sumo, pagaré la tercera parte" pueden considerarse un reproche de explotación, pero, examinadas en sí mismas, no constituyen un ataque al honor de C.

c) Las palabras "En lo sucesivo, encargaré los trabajos únicamente a comerciantes honrados" equivalen a estas: "Ud. no es un comerciante honrado". Se trata de un ataque al honor de ese trabajador.

d) El giro irónico "¡Con la consideración que se merece!" indica: "Ud. no merece consideración", y, por consiguiente, también constituye injuria.

2. Los giros señalados en las letras *a, c* y *d* realizan el tipo previsto por el § 185 del c. p. Pero los distintos giros deben considerarse en *conjunto.* Al hacerlo, no cambia nada; en efecto, también de la impresión total resulta —a pesar o por la indignación de *R*— que este *ha atacado el honor de C.*

Lo ha sabido y querido y lo ha hecho, en consecuencia, *dolosamente.*

B. Además, debe examinarse si no se le puede aplicar a la carta la *causa de exclusión de la pena* prevista por el § 193 del c. p., con arreglo al cual son impunes, entre otras, las *"declaraciones hechas en salvaguardia de intereses legítimos".*

I. El § 193 no solo se aplica en caso de difamación, sino que también puede corresponder en la injuria simple del § 185. No es necesario que existan, en realidad, intereses concretamente legítimos, siendo suficiente que el injuriador quiera salvaguardar intereses presuntamente legítimos. Tampoco es necesario que la declaración sea objetivamente idónea para salvaguardar intereses legítimos, pero la falta de idoneidad objetiva hace suponer que al injuriador, más que la salvaguardia de intereses legítimos, le importaba el agravio de esa persona.

II. 1. En este caso, la declaración "¡Qué descaro!", juntamente con la frase "A lo sumo, pagaré la tercera parte" tienden a inducir a C a reducir sus exigencias.

La expresión "En lo sucesivo, encargaré los trabajos únicamente a comerciantes honrados" *puede* tender al mismo fin, o sea, significar que le volveré a encargar trabajos si Ud. reduce sus cuentas; pero esto no está dentro de lo admisible. La frase final "¡Con la consideración que se merece!" no tiende, por cierto, a este fin.

2. Del *examen de conjunto* de la carta se desprende que en parte tiene el fin de salvaguardar intereses legítimos y en parte *no.* Por consiguiente, la *causa de exclusión de la pena* prevista por el § 193, ampara *tan solo en parte* el contenido injurioso de la carta.

C. Aunque el § 193 sea aplicable, la *injuria* puede residir *en la forma de la declaración,* Debe examinarse, pues, si de esos giros, además de la intención de salvaguardar intereses, también resulta la *intención de injuriar*. Esta es dudosa en el reproche "Ud. no es honrado", pero debe afirmarse con seguridad en la frase final: "¡Con la consideración que se merece!".

B también habría podido salvaguardar sus intereses si solo hubiera escrito: "Le solicito rebaje su cuenta que me parece descaradamente elevada".

A propósito de lo expuesto en las letras A-C, diremos que la carta contiene una injuria en el sentido del § 185. Las declaraciones injuriosas en parte tienden a salvaguardar intereses legítimos, en parte no. Pero, aunque tiendan a ello, la injuria resulta de la forma de la declaración.

Por consiguiente, *se castigará* al acusado *por injuria* (y, precisamente, solo por *un* delito de injuria, ya que los distintos giros forman un conjunto).

La injuria es un delito perseguible por querella. La formulación de la acción privada contiene la *querella penal,* porque expresa la voluntad del lesionado de que se castigue al acusado.

El tribunal puede sobreseer el procedimiento de acción privada en razón de la escasa importancia del hecho (§ 383, párr. 2, de la ordenanza procesal penal).

5º PLANTEAMIENTO

El joyero *J* sospecha que su empleado *E,* que vive con lujo llamativo, le haya hurtado reiteradas veces, y presenta denuncia, Se condena a *E* a un año de prisión, a pesar de haber negado firmemente y que la cajera *C* haya declarado bajo juramento, como testigo, que creía en su inocencia.

Cuando *E* había cumplido seis meses de la pena, *J,* al visitar en su casa a *C,* con quien tiene relaciones, ve las cosas hurtadas. La cajera confiesa que ella es la ladrona. Cediendo a sus súplicas, *J* no la denuncia y tranquiliza su conciencia remitiendo en forma anónima al empleado, una vez cumplida la pena, una suma considerable.

¿Cómo debe juzgarse penalmente la situación de hecho?

SOLUCIÓN

Distribución:

A. La cajera.

I. Hurto.

II. 1. Perjurio.

2. Privación de la libertad.

Relación entre los n^{os} I y II.

III. Instigación al favorecimiento y a la privación de la libertad (ver bajo la letra B).

B. El joyero.

I. ¿Falsa imputación? ¿Difamación?

II. ¿Favorecimiento mediante omisión de denuncia contra *C*?

III. ¿Privación de la libertad?

En cuanto a lo expuesto en la letra A: ¿Instigación de *J* a la privación de la libertad?

Exposición:

A. I. La *cajera* le ha hurtado reiteradas veces a *J*, cometiendo así *hurto* en acción continuada. Se trata de hurto común.

II. 1. Después, ha prestado ante el tribunal un *perjurio* con arreglo al § 154. Conforme al § 66 *c* de la ordenanza procesal penal, ha jurado "haber dicho la pura verdad y no haber callado nada". Pero ha callado algo fundamental, a saber, que ella misma había cometido el hurto. Asimismo, ha declarado ante el tribunal que *creía* en la inocencia del empleado, en tanto que *sabía* que era inocente. En esto existe una declaración positivamente falsa sobre un hecho interno.

La declaración falsa es antijurídica: el § 55 de la ordenanza procesal penal solo da derecho a negar informaciones, pero no a mentir.

C ha actuado dolosamente: sabía que tenía el deber de declarar la verdad (o de negar informaciones).

Por consiguiente, ha prestado un perjurio. Pero concurre la causa de atenuación prevista por el § 157 (peligro de persecución penal): el juez puede atenuar la pena con arreglo a su deber.

2. Con la misma acción (la declaración falsa), *C* ha cometido una *privación de la libertad* en autoría mediata (no ha impedido, ilegalmente, que con un error judicial el tribunal condenara a *E* que era inocente). De esta manera, ella ha actuado, por lo menos, con dolo indeterminado. La privación de la libertad ha durado más de una semana y, por lo tanto, con arreglo al § 239, párr. 2, se agrava.

A propósito de lo expuesto en los n°s 1 y 2: unidad de hecho.

En cuanto a lo dicho en los n^{os} I y II, advertimos que el hurto y el perjurio forman una pluralidad de hecho. En consecuencia, se procederá al castigo conforme a los §§ 242; 154, 239 y 73; y 74.

B. El joyero.

I. Con la denuncia, *J* ¿ha cometido una falsa imputación o una difamación?

No hay *falsa imputación* (§ 164). *J* no ha actuado dolosamente, ni a sabiendas, pero tampoco con ligereza (vale decir, con culpa grave); en efecto, *E* vivía con lujo llamativo y el tribunal lo ha considerado culpable y lo ha condenado.

Habría *difamación* ("*E* ha hurtado"), pero es impune, porque la declaración frente al tribunal se ha realizado "en salvaguardia de intereses legítimos" (§ 193).

II. La *omisión de denunciar* a *C* después de saber que había hurtado (y prestado un perjurio) no constituye un favorecimiento personal, dado que un particular no tiene el deber de denunciar.

Para *J* existía, por cierto, en este caso, el deber de hacer saber que *E* era inocente (ver lo que se dice en el n° III) y esta aclaración solo era posible revelando al autor verdadero —la cajera—. Sin embargo, no se lo puede castigar a *J* por favorecimiento de *C* mediante omisión de denuncia.

III. Pero *J* es punible por *privación de la libertad* de *E* (6 meses) mediante omisión.

Si *J* hubiera denunciado a *C*, *E* habría sido liberado (vía procesal: reapertura del procedimiento; el tribunal habría ordenado inmediatamente la suspensión de la ejecución). En razón de la omisión de *J*, *E* permaneció en la cárcel seis meses más.

Esta omisión ha sido antijurídica; en efecto (con arreglo al principio consuetudinario que establece que quien ha producido un peligro tiene que removerlo), *J* tenía el deber jurídico de aclarar el caso a la mayor brevedad, ya que con su denuncia (objetivamente inexacta, aunque no culpable) había hecho poner a *E* en la cárcel. Por supuesto que el pago de esa suma no lo libera de este deber.

J también ha actuado dolosamente: sabía que su omisión producía la continuación del encarcelamiento y que tenía el deber de aclarar el asunto al tribunal.

La privación de la libertad resulta agravada con arreglo al § 239, párr. 2 (ver lo dicho en A, II, 2).

A propósito de lo expuesto en la letra A, diremos que con sus súplicas la cajera ha determinado al joyero a cometer el hecho punible. Hay instigación a la privación de la libertad mediante omisión. Pero, en razón de que ella es la *autora* de toda la privación de la libertad, frente a esta autoría la *instigación* a la privación de la libertad mediante omisión no es jurídicamente independiente.

Resultado total: C es *culpable* de un delito de *hurto continuado* y de otro delito jurídicamente independiente de *perjurio* en unidad de hecho con *privación de la libertad agravada, y J* de un delito de *privación de la libertad agravada.*

Guía para el tratamiento de casos de Derecho Penal
de Eduard Kern
se imprimió en la República Argentina en abril de 2019.

Made in the USA
Monee, IL
18 October 2026

66035479R00037